Cynnwys

Mwynhau rasio

Mae rhai pobl yn mwynhau rasio.

Mae rhai pobl yn mwynhau rasio mewn car.

Heini!

Rasio gwahanol

Non ap Emlyn

GW 3279058 9

Cyfres Darllen Difyr

Hwyl! Briciau … briciau … briciau
Gwahanol! Chwaraeon gwahanol
Hapus! Hwyl a gŵyl ar draws y byd
Bach! Pryfed yr ardd

Anturus! Ydych chi'n barod am antur?
Cyffrous! Chwaraeon pêl gwahanol
Heini! Rasio gwahanol
Gweithgar! Ceffylau … ceffylau … ceffylau

Cyflym! Beth sy'n symud yn gyflym?
Talentog! Beth ydy'ch talent chi?
Peryglus! Anifeiliaid peryglus
Gofalus! Anifeiliaid peryglus yn y dŵr

Ysgrifennwyd a golygwyd gan Non ap Emlyn
Dyluniwyd gan stiwdio@ceri-talybont.com
Mapiau gan Alison Davies, www.themappingcompany.co.uk
Cartwnau gan Roger Bowles
Rheoli ac ymchwil lluniau gan Megan Lewis a Dafydd Saunders Jones

Aelodau'r Pwyllgor Monitro: Eleri Goldsmith (AdAS); Michelle Hutchings, Ysgol Pontyclun; James Jones, Ysgol Gynradd Victoria, Wrecsam; Petra Llywelyn; Pamela Morgan, Ysgol Gynradd Baglan, Port Talbot; Anthony Parker, Ysgol Gynradd Rogiet, Sir Fynwy; Laura Price, Ysgol Gynradd Llysweri, Casnewydd a Sara Tate, Ysgol Tanyfron, Wrecsam

Noddwyd gan Lywodraeth Cymru

Cydnabyddiaethau
Hoffai'r awdur a'r cyhoeddwr ddiolch i'r canlynol am eu caniatâd i atgynhyrchu'r lluniau a'r deunydd hawlfraint yn y llyfr hwn. Mae pob ymdrech wedi'i wneud i ganfod perchenogion hawlfraint y deunydd a ddefnyddiwyd yn y llyfr hwn. Bydd unrhyw ganiatâd hawlfraint sydd heb ei gynnwys gan y cyhoeddwr yn yr argraffiad hwn yn cael ei gydnabod mewn ail argraffiad.
Alamy: tud. 8, tud. 9, tud. 10, tud. 11 (rhan isaf); Alison Davies: tud. 5 (gwaelod), tud. 9 (gwaelod), tud. 11 (rhan uchaf), tud. 19 (gwaelod); Getty Images: tud. 20 a thud. 21 (dau lun); Photo Library Wales: Clawr a wynebddalen, tud. 22, tud. 23; Shutterstock – Sean Donohue Photo: tud. 9 (rhan uchaf) a thud. 19.

Mae rhai pobl yn mwynhau rasio ar dractor.

Rasio ar dractor yn Yr Wcráin.

Yr Wcráin

Mae rhai pobl yn mwynhau rasys gwahanol iawn ...

5

Rasio gyda gwely

Dyma ras gwelyau.
Mae 1 person ar y gwely.
Fel arfer, mae pump neu chwe pherson mewn tîm.
Maen nhw'n rhedeg.

Rasio ar beiriant torri glaswellt

Mae rhai pobl yn mwynhau rasio ar beiriant torri glaswellt.

ffeithiau

Ble:	Prydain, Ewrop, Gogledd America
Pryd:	Mai-Hydref fel arfer

Ydy'r peiriant yn torri'r glaswellt? Nac ydy. Does dim llafnau ar y peiriant.

Rasio ar y toiled

Mae rhai pobl yn mwynhau rasio ar y toiled! Ie - rasio ar y toiled!

ffeithiau

Beth: Toiled arbennig - mae olwynion ar y toiled. Mae batri yn y toiled.

Ble: Mae pobl yn rasio tu mewn neu tu allan - ar gwrs arbennig.

Beth am y ras yma yn Lithuania?

ffeithiau

Beth:	Toiled mewn caban
Sawl person:	5 person Mae 1 person yn eistedd ar y toiled - tu mewn.
Ble:	Yn Trakai, Lithuania - ar lyn wedi rhewi
Y ras:	Rhaid tynnu'r caban (a'r person ar y toiled) ar draws y llyn.

Bobl bach!

Lithuania

Cario ... a ... rhedeg

Dyma ras arbennig iawn.

Mae'r dyn yn cario'r wraig - mewn ras.

Y ras yn Y Ffindir

Y Ffindir

Sonkajärvi

ffeithiau

Ble:	Sonkajärvi, Y Ffindir
Pryd:	Gorffennaf
Beth:	Mae'r dyn yn rhedeg am 250 metr ond mae e'n cario'r wraig. Rhaid mynd dros rwystrau. Rhaid neidio dros y dŵr. Mae'r dyn yn colli pwyntiau os ydy'r wraig yn syrthio!

Dyma un rheol bwysig iawn …
Rhaid cael hwyl!

Rasio i fyny'r grisiau

Fel arfer, mae pobl yn cerdded i fyny'r grisiau, ond mae rhai pobl yn mwynhau rhedeg i fyny'r grisiau. Maen nhw'n rhedeg ras i fyny'r grisiau.

Mae pobl yn mwynhau rhedeg i fyny'r grisiau mewn adeiladau uchel iawn, iawn.

Dyma'r Empire State Building yn Efrog Newydd. Mae ras i fyny'r grisiau yma bob blwyddyn.

ffeithiau

Pwy: Pobl o dros y byd
Faint o risiau: 1,576 o risiau
Pa mor bell: Tua chwarter milltir i fyny o'r stryd

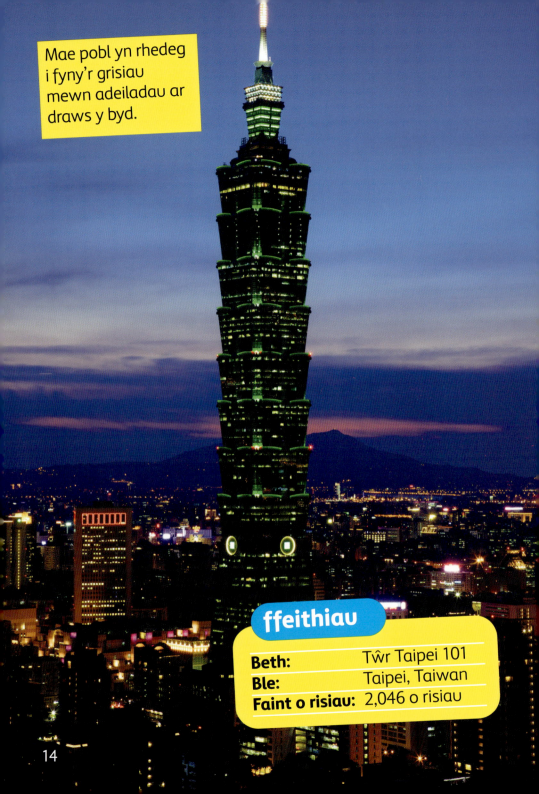

Mae pobl yn rhedeg i fyny'r grisiau mewn adeiladau ar draws y byd.

ffeithiau

Beth:	Tŵr Taipei 101
Ble:	Taipei, Taiwan
Faint o risiau:	2,046 o risiau

Mae'r bobl yma'n rhedeg i fyny grisiau hefyd.

ffeithiau

Beth:	Marathon Grisiau Mynydd Everest
Ble:	Radebeul, Yr Almaen
Faint o risiau:	397 o risiau

Mae'r bobl yn rhedeg i fyny ac i lawr y grisiau can (100) gwaith:
397 x100 = 39,700 o risiau!

Pa mor bell:
8,848 metr – fel Mynydd Everest!

Mawredd mawr!

Marathon oer

Mae marathon yn Llundain bob blwyddyn.
Mae hanner marathon yng Nghaerdydd bob blwyddyn.
Mae Marathon yn Efrog Newydd bob blwyddyn.

Mae un marathon yn digwydd mewn lle oer iawn, iawn.

ffeithiau

Ble:	Llyn Baikal, Rwsia
Beth:	Rhedeg ar draws y llyn - ar y rhew
Pa mor bell:	42 km 195 m - neu 26 milltir
Pryd:	Mawrth
Pwy:	Pobl o dros y byd (dros 18 oed)
Y tywydd:	Oer - tua minws 8°C - minws 10°C, fel arfer, gyda gwynt a haul efallai
Bwyd:	Mae te, dŵr, cnau, ffrwythau sych, caws a siocled i'r rhedwyr.

R w s i a

Llyn Baikal

C H I N A

Dewch i Gemau'r Gaeaf

Ble:	Llyn Baikal
Pryd:	Mawrth
Beth:	Rhedeg marathon ar draws y llyn
	Pysgota yn y rhew
	Chwarae golff ar y rhew
	Saffari ar y rhew - ar sled neu *snow mobile*
	Pêl-droed …a … pêl-foli yn yr eira

Gwych!

Marathon poeth

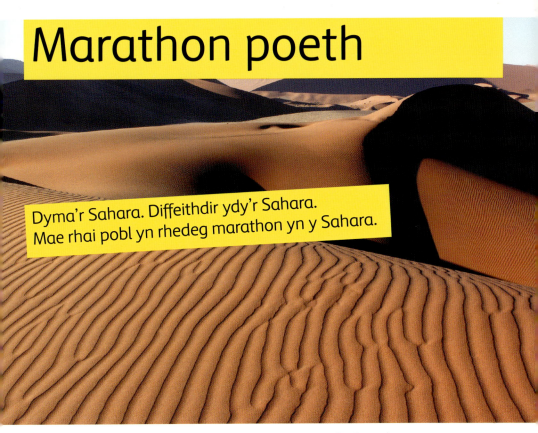

Dyma'r Sahara. Diffeithdir ydy'r Sahara. Mae rhai pobl yn rhedeg marathon yn y Sahara.

Dydy hi ddim yn oer yma yn y dydd. Mae hi'n boeth iawn, iawn.

Mae hi'n heulog iawn. Mae hi'n sych iawn hefyd.

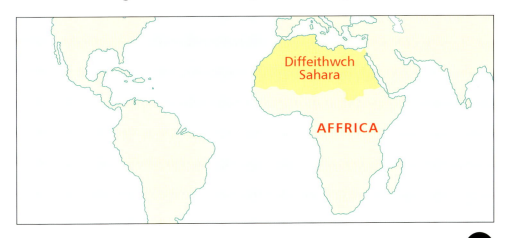

Diffeithwch Sahara

AFFRICA

ffeithiau

Ble:	Y Sahara, Affrica
Beth:	Rhedeg ar draws y diffeithdir
Pa mor bell:	243 km neu tua 151 milltir - tua 6 marathon mewn 6 diwrnod
Pryd:	Mawrth / Ebrill fel arfer
Pwy:	Pobl o dros y byd (dros 18 oed)
Y tywydd:	Poeth iawn yn y dydd. Tua 30°C – 35°C ganol dydd efallai. Weithiau, mae hi'n wyntog.
	Oer yn y nos
Diod:	Mae dŵr i'r rhedwyr bob 2.5 km.

Mae'r bobl yn cario bagiau mawr. Yn y bagiau mae bwyd - am 6 diwrnod - a diod, dillad ac eli haul.

Mae'n bell! Mae'n boeth!

Mae'n boeth. Mae'n heulog. Rhaid defnyddio eli haul. Rhaid gwisgo sbectol haul a het.

Dyma'r ras fwyaf anodd yn y byd.
Pam mae pobl yn rhedeg y ras?
• Mae rhai pobl yn codi arian at achos da.
• Mae'n sialens!

Gorffen y ras

Marathon person yn erbyn ceffyl

Edrychwch ar y llun.
Beth sy'n digwydd?

Mae dyn yn rhedeg ras ... yn erbyn ceffyl.

Bob blwyddyn, mae cannoedd o bobl yn rhedeg yn y ras yma. Mae tua 50 ceffyl yn rhedeg hefyd.

ffeithiau

Ble: Llanwrtyd, Powys
Pa mor hir: 22 milltir

Pwy sy'n ennill?
Y ceffyl?
Y person?
Fel arfer, mae'r ceffyl yn ennill ond mae person yn ennill weithiau.

Mwdlyd

Bobl bach - beth sy'n digwydd?

Rasio mewn mwd yn Maldon, Lloegr

Mae rhai pobl yn mwynhau rasio mewn mwd!

Maen nhw'n rhedeg drwy'r mwd. Maen nhw'n rhedeg drwy ddŵr mwdlyd. Maen nhw'n mwynhau! Maen nhw'n frwnt - neu'n fudr - iawn!

Pam?
Mae rhai pobl yn codi arian at achos da. Mae'n sialens! Mae'n hwyl!